Como Comprar tu Primera Casa

Ricardo Moreno

Página de Derechos de Autor

Editora: Flamenco
Año de Lanzamiento 2025

Indice

Definiendo tu Sueño de Tener casa Propia

Tener una casa propia es uno de esos sueños que mucha gente comparte, pero pocos se detienen a pensar realmente qué significa para ellos. La idea de ser dueño de una casa suele venir acompañada de imágenes felices: una familia reunida en el comedor, un jardín donde los niños juegan o simplemente la sensación de tener algo que realmente te pertenece. Sin embargo, más allá de esas imágenes bonitas, hay una pregunta clave que todos deberían hacerse antes de empezar este proceso: ¿por qué quiero tener una casa?

Para algunas personas, la razón es emocional. Crecieron en una familia que siempre alquiló y sienten que tener una casa propia les daría una sensación de estabilidad y seguridad que nunca tuvieron. Otros ven la compra de una casa como una inversión a largo plazo, algo que con el tiempo aumentará su valor y les dará más tranquilidad financiera. Y hay quienes simplemente sueñan con personalizar su espacio, sin restricciones de caseros o contratos temporales. No importa cuál sea tu razón, lo fundamental es que sea clara y realista, porque esa razón será tu motor durante todo el proceso, incluso cuando te enfrentes a obstáculos.

Definir tu sueño también implica visualizar cómo quieres que sea tu vida en esa casa. ¿Es una casa grande con jardín o prefieres un departamento más pequeño pero bien ubicado? ¿La imaginas en una ciudad vibrante o en las afueras, rodeada de tranquilidad? Pensar en estos detalles no es perder el tiempo, es darle forma a tu objetivo. Cuanto más claro tengas qué tipo de casa encaja con tu estilo de vida y tus planes a futuro, más fácil será tomar decisiones inteligentes más adelante.

Otro punto crucial es entender que comprar una casa es más que adquirir ladrillos y cemento. Es comprometerte con una comunidad, una ubicación y un estilo de vida. ¿Quieres estar cerca de tu familia? ¿Prefieres vivir cerca del trabajo para evitar largas horas en el tráfico? ¿Te interesa tener colegios cercanos para tus hijos o supermercados y transporte a la mano? Definir estos aspectos te ahorrará la frustración de terminar en un lugar que no se adapta a lo que realmente necesitas.

Además, es importante ser honesto contigo mismo sobre tus prioridades y tus limitaciones. Puede que sueñes con una casa enorme, pero si eso te obliga a vivir endeudado por los próximos treinta años, ¿vale la pena? Aquí es donde la parte emocional debe equilibrarse con la lógica. Tu sueño debe ser algo que te motive, pero también debe ser alcanzable. Tener una casa no debería convertirse en una carga financiera que te robe la tranquilidad. Es preferible empezar con algo más modesto que puedas permitirte y mejorar con el tiempo, que intentar alcanzar algo que está fuera de tu capacidad solo porque suena más impresionante.

Finalmente, recordar que este sueño es tuyo y de nadie más. A veces, las expectativas de la familia, los amigos o la sociedad nos empujan a buscar algo que en realidad no nos hace felices. Es fácil dejarse llevar por la idea de que deberías tener una casa de cierto tamaño o en cierto lugar porque "así es como se supone que debe ser". Pero al final del día, eres tú quien vivirá ahí, quien pagará la hipoteca y quien disfrutará —o sufrirá— las consecuencias de esa decisión.

Asegúrate de que tu sueño de tener casa propia sea auténticamente tuyo, basado en tus deseos, tus necesidades y tu realidad.

Definir tu sueño de tener casa propia no es solo imaginar cómo se verá la casa, sino también entender por qué la quieres y cómo encaja en tu vida a largo plazo. Es el primer paso, pero uno de los más importantes, porque te dará la claridad y la motivación necesarias para seguir adelante cuando el proceso se vuelva complicado. Y créeme, en algún momento lo hará. Pero si sabes exactamente por qué quieres esa casa, te será mucho más fácil mantenerte enfocado y avanzar hasta lograrlo.

Mentalidad Financiera

Comprar tu primera casa no es solo una cuestión de dinero, es también una cuestión de mentalidad. La forma en que piensas sobre el dinero, tus hábitos financieros y tus prioridades diarias juegan un papel enorme en determinar si lograrás tu objetivo o no. La mayoría de las personas ven la compra de una casa como un gasto gigante, pero la verdad es que es una inversión, y para hacer una buena inversión necesitas pensar como alguien que invierte, no como alguien que solo gasta.

Primero, es vital entender que tener casa propia es muy diferente a rentar. Cuando rentas, solo piensas en el pago mensual y en no romper nada para que el dueño no te cobre más. En cambio, ser propietario significa ser responsable de todo: los pagos de la hipoteca, el mantenimiento, los impuestos, los servicios y cualquier imprevisto que surja. Eso no es algo malo, pero sí es algo que exige una mentalidad más organizada y previsora. No se trata solo de poder comprar la casa, sino de poder mantenerla sin que te ahogue económicamente.

Para empezar a construir esta mentalidad, es crucial dejar de pensar en el dinero como algo que simplemente entra y sale cada mes. Muchas personas viven con la idea de que mientras tengan suficiente para cubrir sus gastos y darse algún gusto, todo está bien. Pero para comprar una casa necesitas ver tu dinero como una herramienta para construir algo más grande. Cada decisión financiera que tomes debería acercarte o alejarte de tu objetivo de ser propietario. Gastos pequeños y aparentemente inofensivos, como comer fuera todos los días o comprar cosas innecesarias, se convierten en obstáculos silenciosos que retrasan tu sueño.

Un cambio clave de mentalidad es empezar a priorizar la construcción de patrimonio. Cada vez que pagas el alquiler, ese dinero se va para siempre y no te deja nada a cambio. En cambio, cuando pagas la hipoteca de tu propia casa, ese dinero va construyendo algo que te pertenece y que con el tiempo aumentará su valor. Es como la diferencia entre rentar un auto y tener uno propio: al final del contrato de renta, te quedas sin nada. Con una casa, al final de la hipoteca, tienes un activo valioso.

Esto no significa que debas dejar de disfrutar la vida mientras ahorras, pero sí que debes ser más consciente y selectivo con tus gastos. Por ejemplo, si cada vez que sales a cenar gastas 30 dólares y lo haces tres veces por semana, son casi 4000 dólares al año que podrías haber destinado a tu enganche. ¿Vale la pena esa cena o prefieres tener tu casa más rápido? No se trata de vivir con restricciones extremas, sino de entender que cada gasto es una elección que afecta tus metas.

Además, es fundamental empezar a pensar a largo plazo. Muchas personas solo se enfocan en el pago mensual de la hipoteca y olvidan que la casa también tendrá otros costos. Necesitarás dinero para reparaciones, mejoras y hasta para emergencias. Tener mentalidad financiera de propietario significa planificar más allá de los números básicos y crear un colchón económico que te proteja de imprevistos. Nadie quiere terminar comprando una casa solo para perderla porque no pudo mantenerla.

Otro punto clave es dejar de lado la mentalidad de la gratificación instantánea. Vivimos en una época donde todo lo queremos rápido: la comida, las compras, las respuestas. Pero comprar una casa requiere paciencia. Ahorrar para el enganche puede tomar tiempo, mejorar tu crédito también, y encontrar la casa correcta no sucede de la noche a la mañana. Aquí es donde la mentalidad fuerte entra en juego: necesitas mantenerte firme y recordarte constantemente que el esfuerzo valdrá la pena.

Finalmente, es importante verte a ti mismo como alguien capaz de ser dueño de una casa. Puede sonar extraño, pero muchas personas fracasan porque, en el fondo, no creen que realmente puedan lograrlo. Si siempre te has visto como alguien que "solo puede rentar" o que "nunca podrá ahorrar suficiente", tu mente trabajará en contra de ti sin que te des cuenta. La mentalidad financiera adecuada no solo incluye cambiar tus hábitos, sino también tus creencias. Tienes que empezar a verte como una persona que merece y puede tener su propia casa, porque cuando lo crees de verdad, tus acciones empezarán a alinearse con esa visión.

Adoptar esta nueva mentalidad no ocurre de la noche a la mañana, pero cada pequeño cambio cuenta. Cada vez que eliges ahorrar en lugar de gastar impulsivamente, cada vez que planificas tus finanzas en lugar de improvisarlas, y cada vez que recuerdas tu objetivo a largo plazo en lugar de enfocarte solo en el presente, estás dando un paso más hacia la puerta de tu nueva casa.

¿Estás Realmente Listo?

Comprar una casa es una de las decisiones más grandes y emocionantes que puedes tomar, pero también es una de las más serias. Es fácil dejarse llevar por la idea de tener un lugar propio y empezar a imaginar la decoración, las reuniones familiares o la tranquilidad de no tener que lidiar con un casero. Sin embargo, antes de lanzarte de cabeza, es crucial que te hagas una pregunta honesta: ¿estás realmente listo para dar este paso? Y no se trata solo de si te alcanza el dinero, sino de si estás preparado emocional, financiera y prácticamente para asumir lo que significa ser dueño de una casa.

Lo primero que debes evaluar es tu situación financiera actual. Tener una idea general de tus ingresos y gastos no es suficiente. Necesitas saber con exactitud cuánto dinero entra y sale cada mes. ¿Tienes deudas pendientes? ¿Cuánto estás ahorrando? ¿Tu trabajo es estable o tus ingresos son variables? Comprar una casa significa comprometerse a hacer pagos mensuales por muchos años, y no puedes depender solo de la esperanza de que todo seguirá igual o mejorará con el tiempo. Debes ser realista y preguntarte si podrías seguir pagando la hipoteca si surgiera un imprevisto, como perder tu empleo o tener una emergencia médica. Si la respuesta es no, quizás aún no es el momento.

Además del pago mensual de la hipoteca, hay otros gastos importantes que no puedes pasar por alto. Muchas personas cometen el error de pensar solo en el precio de la casa y olvidan los costos adicionales. Impuestos, seguros, mantenimiento, servicios básicos y posibles reparaciones son gastos que pueden sumar mucho más de lo que imaginabas. Por eso, es fundamental hacer números más allá de la cuota mensual y asegurarte de que puedes manejar todo el paquete completo sin quedarte corto cada mes.

Otro punto clave es tu fondo de emergencia. Tener ahorrado solo lo justo para el enganche y los gastos de cierre es una estrategia peligrosa. La vida está llena de sorpresas, y ser dueño de una casa significa que cualquier problema es tu responsabilidad. Si se rompe el calentador de agua o el techo empieza a gotear, no puedes llamar al dueño porque ahora tú eres el dueño. Antes de comprar, deberías tener un fondo extra equivalente a por lo menos tres o seis meses de tus gastos fijos. Esto te dará la tranquilidad de saber que, pase lo que pase, podrás mantener tu casa sin caer en deudas o perderla.

Pero estar listo no es solo una cuestión de dinero. También es importante preguntarte si emocionalmente estás preparado para el compromiso que implica ser propietario. Ser dueño de una casa no es solo tener un lugar donde vivir, es tener una responsabilidad a largo plazo. Ya no podrás mudarte con facilidad si algo no te gusta o si te ofrecen un trabajo en otra ciudad. Tampoco podrás llamar al casero para que arregle las cosas cuando algo se rompa. Tendrás que asumir que, de ahora en adelante, tú serás el responsable de todo lo que pase en tu hogar, desde las reparaciones hasta el cuidado diario de la propiedad.

También es esencial pensar en tu estilo de vida actual y cómo cambiará al ser propietario. ¿Te gusta viajar con frecuencia? ¿Prefieres tener menos responsabilidades y más libertad para moverte? Tener una casa propia puede ser maravilloso, pero también puede limitarte en ciertos aspectos. Si sientes que aún no has encontrado el lugar donde quieres establecerte por varios años o te preocupa la idea de quedarte atado a una sola ubicación, tal vez sea mejor esperar un poco más. Comprar una casa es más fácil que venderla, y no quieres terminar en una situación donde te sientas atrapado.

Por último, evalúa tus verdaderas motivaciones. A veces, las ganas de comprar una casa vienen más de la presión social o familiar que de un deseo propio y bien pensado. Tal vez tus amigos ya compraron sus casas o tus padres te insisten en que dejes de rentar porque "es tirar el dinero". Es fácil dejarse influenciar, pero la realidad es que nadie más va a pagar tu hipoteca ni vivir con las consecuencias de tu decisión. Asegúrate de que estás comprando una casa porque es lo que tú realmente quieres y porque encaja con tus planes de vida, no porque sientes que es lo que se espera de ti.

Estar realmente listo para comprar tu primera casa no significa tenerlo todo resuelto al cien por ciento, pero sí implica tener claridad sobre tus finanzas, tu situación emocional y tus planes a futuro. Si después de analizar todos estos puntos sigues convencido de que quieres dar el paso, entonces estás en el camino correcto. Y si descubres que aún no estás listo, no te preocupes. Es mejor esperar y prepararte bien que lanzarte sin estar seguro y terminar con una carga que no puedes manejar. La casa adecuada esperará por ti cuando estés listo para ella.

Calculando Cuánto Puedes Permitirte Gastar

Uno de los errores más comunes al querer comprar una casa es enamorarse de una propiedad sin saber primero cuánto realmente puedes permitirte gastar. Es fácil dejarse llevar por la emoción, ver una casa perfecta y empezar a imaginar cómo sería vivir allí. Pero si no haces los números primero, ese sueño puede convertirse en una pesadilla financiera. Saber exactamente cuánto puedes gastar no es solo una cuestión de cuánto ganas, sino de cómo se ven tus finanzas completas y qué tan cómodamente podrás pagar la casa sin sacrificar tu calidad de vida.

El primer paso es entender tu ingreso mensual neto, es decir, el dinero que realmente recibes después de impuestos y deducciones. Ese es el número base con el que trabajarás. A partir de ahí, tienes que calcular tus gastos fijos actuales: alquiler, comida, transporte, servicios, suscripciones, deudas y cualquier otro gasto que sea esencial mes tras mes. No dejes nada afuera, porque la meta aquí es tener una imagen clara de cuánto dinero te queda disponible después de cubrir todo lo básico.

Una regla general que usan muchos expertos es la regla del 28/36. Esto significa que no deberías gastar más del 28 por ciento de tu ingreso mensual bruto (antes de impuestos) en los costos totales de vivienda, incluyendo la hipoteca, los impuestos, el seguro de la casa y los servicios básicos. Y, además, tu deuda total —eso incluye tarjetas de crédito, préstamos de auto, estudiantiles y cualquier otro tipo de deuda— no debería pasar del 36 por ciento de tus ingresos brutos. Esta fórmula es una guía sólida para asegurarte de que no termines viviendo para pagar la casa y nada más.

Por ejemplo, si ganas 3000 dólares al mes antes de impuestos, el 28 por ciento serían 840 dólares. Eso significa que tu pago mensual de la hipoteca, más los impuestos y el seguro de la casa, no debería superar esa cifra. Si ya tienes otras deudas, como un préstamo de auto o una tarjeta de crédito, esos pagos junto con la hipoteca no deberían pasar de 1080 dólares (el 36 por ciento de tus ingresos). Es una fórmula sencilla, pero efectiva para asegurarte de que no te estás metiendo en una casa que, aunque luzca perfecta, será imposible de mantener a largo plazo.

Sin embargo, las reglas generales son solo el comienzo. Es importante ir más allá y pensar en tu estilo de vida y tus planes futuros. ¿Quieres seguir saliendo los fines de semana? ¿Planeas tener hijos pronto? ¿Te gustaría viajar cada año? Estos son gastos que no siempre se ven reflejados en las fórmulas, pero que impactarán tu capacidad de pagar la casa sin sentir que te ahogas financieramente. No sirve de nada tener una casa bonita si no puedes disfrutar la vida porque todo tu dinero se va en la hipoteca.

Otro punto que mucha gente olvida es el fondo de emergencia. Ser dueño de una casa significa que las sorpresas son inevitables. Un electrodoméstico que deja de funcionar, una tubería rota o incluso un aumento inesperado en los impuestos de la propiedad pueden desequilibrar tu presupuesto si no tienes un colchón financiero. Antes de decidir cuánto puedes gastar en una casa, asegúrate de que también puedes seguir alimentando tu fondo de emergencia. Lo ideal es tener al menos tres a seis meses de tus gastos esenciales guardados para cubrir cualquier imprevisto sin tener que endeudarte.

Además, está el tema del enganche. Cuanto más dinero puedas poner de entrada, menos será tu hipoteca mensual y menos intereses pagarás a largo plazo. La mayoría de los prestamistas requieren al menos un 10 por ciento del valor de la casa como enganche, pero si puedes llegar al 20 por ciento, te ahorrarás el seguro hipotecario privado, que es un costo adicional que protege al banco, no a ti. Por ejemplo, si la casa que te gusta cuesta 200,000 dólares, necesitarías al menos 20,000 dólares de enganche para evitar ese seguro extra. Es mucho dinero, sí, pero a largo plazo puede ahorrarte miles de dólares.

Finalmente, es vital ser honesto contigo mismo. Es tentador estirarte al máximo para alcanzar la casa que parece perfecta, pero vivir al límite de tu presupuesto te dejará sin margen para disfrutar la vida o afrontar imprevistos. Comprar una casa debería darte tranquilidad y satisfacción, no ansiedad por llegar a fin de mes. Es mejor empezar con una casa más modesta que puedas pagar cómodamente y mejorar con el tiempo, que lanzarte por algo fuera de tu alcance solo por la apariencia o la presión social.

Calcular cuánto puedes permitirte gastar no es el paso más emocionante de este proceso, pero es uno de los más importantes. Es la diferencia entre tener una casa que te haga feliz y una que se convierta en una carga. Conocer tus números, ser realista y planificar con inteligencia te dará la seguridad de que, cuando finalmente pongas las llaves en la cerradura de tu nueva casa, sabrás que no solo elegiste el lugar adecuado, sino que lo hiciste de una manera que protege tu bienestar y tu futuro.

Ahorrar Para el Enganche sin Sacrificar tu Vida

Ahorrar para el enganche de tu primera casa puede sentirse como una montaña imposible de escalar, especialmente cuando ves los precios de las casas y haces las cuentas rápidas. La cantidad que necesitas reunir puede parecer abrumadora, y la idea de sacrificar tu vida durante años solo para juntar ese dinero puede ser desmotivante. Pero aquí está la verdad que pocos dicen: sí, ahorrar para el enganche es esencial, pero no tienes que poner tu vida en pausa para lograrlo. La clave está en encontrar un equilibrio inteligente entre tus metas y tu día a día, y en entender que cada dólar que ahorres ahora es una inversión directa en tu futuro.

Lo primero que debes tener claro es cuánto necesitas realmente. La mayoría de los prestamistas sugieren un enganche del 20 por ciento del precio de la casa para evitar pagar el seguro hipotecario privado, pero eso no significa que sea la única opción. Hay programas que aceptan enganches más bajos, incluso desde el 3 o 5 por ciento. Por ejemplo, si la casa que te interesa cuesta 200,000 dólares, el 20 por ciento sería 40,000 dólares, mientras que un 5 por ciento serían solo 10,000 dólares. La diferencia es enorme, y aunque poner más dinero de entrada te ahorra en intereses y seguros, no todos pueden permitirse esa cantidad de inmediato. Lo importante es saber tu meta exacta, porque ahorrar sin un número claro es como correr una maratón sin saber dónde está la meta.

Una vez que sabes cuánto necesitas, el siguiente paso es diseñar un plan que sea realista y sostenible. El error más común es pensar que ahorrar significa cortar todo placer de tu vida. No se trata de vivir a pan y agua o de renunciar a cada pequeña alegría. Eso solo lleva a la frustración y, tarde o temprano, a abandonar el ahorro. En cambio, la estrategia inteligente es identificar los gastos que no aportan mucho a tu felicidad real y redirigir ese dinero hacia tu enganche. Por ejemplo, suscripciones que no usas, comer fuera por costumbre y no por gusto, o compras impulsivas que terminan olvidadas en un cajón. No necesitas eliminar todos tus lujos, pero sí ser consciente de cuáles realmente disfrutas y cuáles son solo hábitos sin sentido.

También es útil cambiar tu mentalidad sobre el ahorro. En lugar de verlo como una privación, míralo como una inversión en tu libertad futura. Cada dólar que ahorras te acerca a la casa que quieres y reduce el monto que pagarás en intereses durante años. Por ejemplo, si logras ahorrar 5,000 dólares más de lo planeado, no solo tendrás una cuota mensual más baja, sino que podrías ahorrarte miles en intereses a lo largo de la hipoteca. Cada pequeño sacrificio ahora se traduce en una gran recompensa más adelante.

Una forma práctica de acelerar tus ahorros sin sentir que estás renunciando a todo es automatizar el proceso. Configura una transferencia automática a una cuenta separada destinada solo al enganche, justo cuando recibas tu sueldo. Así, te pagas a ti mismo primero, y el dinero no se mezcla con tus gastos diarios. Es más fácil no gastar lo que nunca ves. Además, tener una cuenta específica para el enganche crea una barrera psicológica: te costará más tocar ese dinero porque sabes que tiene un propósito importante.

Otra estrategia que muchas personas pasan por alto es buscar formas de aumentar sus ingresos, no solo recortar gastos. Esto no significa trabajar hasta el agotamiento, pero sí ser creativo. ¿Tienes alguna habilidad que podrías monetizar los fines de semana? ¿Puedes vender cosas que ya no usas? ¿Hay alguna forma de ganar dinero extra desde casa? A veces, ganar un poco más es más efectivo y menos doloroso que intentar recortar hasta el último centavo de tus gastos.

Es importante también celebrar tus avances, por pequeños que sean. Ahorrar para el enganche puede sentirse como un proceso largo y solitario, así que reconocer tus logros te mantiene motivado. Si logras ahorrar más de lo planeado un mes, date una pequeña recompensa que no descarrile tu progreso. La clave es encontrar la motivación para seguir adelante sin sentir que tu vida gira solo alrededor de ahorrar.

Finalmente, recuerda que la paciencia es parte del proceso. Ahorrar para el enganche de una casa no es algo que se haga de la noche a la mañana, y está bien que tome tiempo. La meta no es solo juntar el dinero, sino llegar a la compra de tu casa sintiéndote estable y preparado, no agotado y resentido por los sacrificios que hiciste.

Ahorrar para el enganche sin sacrificar tu vida es totalmente posible. Todo se trata de tener una estrategia clara, ser consciente de tus gastos, encontrar formas de aumentar tus ingresos y mantenerte motivado. Cuando finalmente tengas las llaves en la mano y entres por primera vez a tu propio hogar, cada esfuerzo habrá valido la pena. Tu casa será mucho más que cuatro paredes, será el resultado de tu determinación y tu capacidad para equilibrar tus sueños con tu vida diaria. Y eso, más que el dinero ahorrado, será lo que te hará sentir más orgulloso.

Crédito Inteligente

Cuando se trata de comprar tu primera casa, el crédito es uno de esos temas que la mayoría de la gente subestima o no entiende del todo, hasta que es demasiado tarde. Tener un crédito inteligente no significa solo tener una tarjeta de crédito y pagarla a tiempo. Es mucho más que eso. Es construir una reputación financiera que le diga a los bancos y prestamistas que eres una apuesta segura, alguien a quien pueden prestarle una gran cantidad de dinero con la confianza de que se lo devolverás. Y la realidad es que, cuanto mejor sea tu historial de crédito, más fácil será conseguir una hipoteca, con mejores condiciones y tasas de interés más bajas.

Primero, es vital entender qué es el puntaje de crédito y cómo se calcula. Básicamente, es un número que refleja qué tan confiable eres para pagar deudas. Este puntaje se basa en varios factores: tu historial de pagos, cuánto debes en total, cuánto tiempo has tenido crédito, qué tipo de créditos tienes y cuántas solicitudes de crédito has hecho recientemente. Los bancos usan este número para decidir si te aprueban una hipoteca y qué tasa de interés te ofrecen.

Cuanto más alto sea tu puntaje, mejor serán tus condiciones, y eso puede significar ahorrar miles de dólares a lo largo de la vida de tu préstamo.

Si tu crédito no está en la mejor forma, no entres en pánico. No significa que jamás podrás comprar una casa, pero sí significa que tendrás que trabajar en mejorarlo antes de solicitar una hipoteca. La buena noticia es que mejorar tu crédito no es tan complicado como parece, aunque requiere disciplina y tiempo. El primer paso es revisar tu historial de crédito. Muchas personas ni siquiera saben cuál es su puntaje o si tienen errores en su informe que los perjudican. Los errores son más comunes de lo que crees: pagos mal reportados, cuentas que no reconoces o deudas que ya pagaste pero siguen apareciendo. Corregir estos errores puede darle un empujón rápido a tu puntaje.

Una vez que tienes claro tu historial, el siguiente paso es asegurarte de pagar todas tus deudas a tiempo. Este es el factor más importante para tu puntaje de crédito. Un solo pago atrasado puede tirar tu puntaje por la borda y quedarse allí reflejado durante años. Si eres de los que olvidan las fechas de pago, configura recordatorios automáticos o, mejor aún, activa los pagos automáticos. Eso elimina el riesgo de olvidar y te asegura que tu historial de pagos siga impecable.

Otro punto clave es tu nivel de endeudamiento. Los bancos no solo miran si pagas a tiempo, también quieren ver qué tan endeudado estás en comparación con el crédito que tienes disponible. Si tus tarjetas de crédito siempre están al máximo, eso envía una señal de alarma, incluso si haces los pagos a tiempo. La regla general es mantener tu utilización de crédito por debajo del 30 por ciento de tu límite total. Por ejemplo, si tienes una tarjeta con un límite de 5,000 dólares, intenta no deber más de 1,500 dólares. Cuanto más baja sea esa proporción, mejor para tu puntaje.

Si no tienes mucho historial de crédito, podría parecer que eso es algo bueno porque no has acumulado deudas, pero en realidad los prestamistas prefieren ver que tienes experiencia manejando crédito de forma responsable. Una forma de empezar es abrir una tarjeta de crédito pequeña, usarla para gastos básicos y pagarla completa cada mes. También puedes pedir ser usuario autorizado en la tarjeta de un familiar que tenga buen crédito. Eso agrega su historial positivo al tuyo y te ayuda a construir crédito más rápido.

Por otro lado, es importante evitar la tentación de abrir varias cuentas de crédito a la vez. Cada vez que solicitas una nueva tarjeta o préstamo, eso genera una consulta dura en tu historial, y demasiadas de estas consultas en poco tiempo pueden bajar tu puntaje. Los prestamistas podrían verlo como una señal de que estás desesperado por crédito o que planeas endeudarte más de la cuenta.

Cuando finalmente tu crédito esté en buena forma y te acerques a pedir una hipoteca, asegúrate de comparar ofertas de diferentes bancos o prestamistas. No te quedes con la primera opción que te ofrezcan. Aunque todas las hipotecas parecen similares a primera vista, pequeñas diferencias en la tasa de interés o los costos de cierre pueden hacer una gran diferencia en el monto total que pagarás a largo plazo. Un crédito inteligente también significa ser un comprador inteligente.

El crédito no es algo que se construye de la noche a la mañana, pero cada esfuerzo que hagas ahora se reflejará cuando llegue el momento de buscar tu casa. Tener un crédito sólido no solo te permitirá acceder a una hipoteca, sino que también te abrirá la puerta a mejores condiciones, tasas más bajas y pagos mensuales más manejables. Y eso, al final del día, significa menos estrés y más dinero en tu bolsillo para disfrutar de tu nueva vida como dueño de tu casa. Un crédito inteligente no es solo un número, es una herramienta que te acerca a tu sueño de tener casa propia, y mientras más cuides esa herramienta, más fácil será lograrlo.

Préstamos y Opciones de Financiamiento Explicadas

Cuando llega el momento de comprar tu primera casa, es muy probable que no tengas todo el dinero guardado para pagarla de contado. Ahí es donde entran los préstamos y las opciones de financiamiento, que básicamente son la manera en la que el banco te presta el dinero que te falta para que puedas comprar la casa ahora y pagarla poco a poco con el tiempo. Sin embargo, no todos los préstamos son iguales, y elegir el más adecuado puede hacer una gran diferencia en cuánto terminas pagando al final. Es por eso que entender las opciones que tienes es clave para tomar una decisión inteligente.

Primero, hablemos de la hipoteca tradicional. Es el tipo más común de préstamo para comprar una casa. Generalmente viene en dos formatos principales: a tasa fija y a tasa ajustable. La tasa fija significa que el interés que pagas cada mes será el mismo durante toda la vida del préstamo, ya sea que dure 15, 20 o 30 años. Es una opción popular porque te da estabilidad y previsibilidad. Sabes exactamente cuánto pagarás cada mes, lo que hace más fácil manejar tu presupuesto.

Por otro lado, está la tasa ajustable, donde el interés puede cambiar después de cierto tiempo. Por ejemplo, podrías tener una tasa fija los primeros cinco años, pero después se ajusta anualmente según las tasas del mercado. La ventaja de esta opción es que la tasa inicial suele ser más baja que la de una hipoteca fija, pero hay que tener cuidado porque si las tasas suben, tu pago mensual también subirá. Esta opción puede ser atractiva si planeas vender la casa o refinanciar antes de que la tasa empiece a ajustarse.

Otra opción son los préstamos respaldados por el gobierno. Estos son ideales para los compradores primerizos que no tienen un historial de crédito perfecto o no pueden reunir un gran enganche. El más conocido es el préstamo FHA, respaldado por la Administración Federal de Vivienda. Permite enganches tan bajos como el 3.5 por ciento y tiene requisitos de crédito más flexibles que las hipotecas tradicionales. La desventaja es que requiere pagar un seguro hipotecario adicional, que aumenta tu pago mensual, pero sigue siendo una gran opción para quienes no tienen ahorros grandes o necesitan más flexibilidad para calificar.

También está el préstamo VA, diseñado para veteranos y miembros activos de las fuerzas armadas. Este tipo de financiamiento es increíblemente beneficioso porque permite comprar una casa sin enganche y sin seguro hipotecario, lo que puede ahorrarte miles de dólares. Si cumples con los requisitos, es difícil encontrar una opción mejor que esta.

Luego tenemos el préstamo USDA, dirigido a quienes compran en áreas rurales o suburbanas. Ofrece la posibilidad de comprar sin enganche, pero hay límites de ingresos y la propiedad debe estar en una zona elegible. Es una alternativa excelente si buscas vivir fuera de las grandes ciudades y calificas para el programa.

Una opción que algunas personas consideran es el financiamiento directo del vendedor. En este caso, el dueño de la casa actúa como el prestamista. Básicamente, llegas a un acuerdo con él para pagar la casa en plazos, sin pasar por un banco. Esta opción puede ser útil si tienes dificultades para calificar para una hipoteca tradicional, pero hay que tener mucho cuidado con los términos. Es crucial asegurarte de que el contrato sea claro, legal y que no te deje en una posición vulnerable si algo sale mal.

Independientemente de la opción que te interese, es esencial entender cómo funcionan las tasas de interés y el plazo del préstamo. Cuanto más largo sea el plazo, menores serán los pagos mensuales, pero más intereses pagarás a largo plazo. Por ejemplo, en un préstamo de 30 años tu pago mensual será más bajo que en uno de 15 años, pero terminarás pagando muchísimo más en intereses durante la vida del préstamo. Por otro lado, un préstamo a 15 años te permite ser dueño de la casa mucho más rápido y pagar menos intereses, pero tus pagos mensuales serán más altos. La clave está en encontrar el equilibrio que funcione para ti y tu situación financiera.

Además, no todo es el tipo de préstamo. Los costos de cierre también son una parte importante del financiamiento. Estos incluyen cosas como los honorarios del prestamista, el avalúo de la casa, los impuestos y el seguro. Suelen ser entre el 2 y el 5 por ciento del precio de la casa, así que no los subestimes. Algunos préstamos permiten incluir estos costos en el monto financiado, pero eso significa que terminarás pagando intereses sobre ellos también. Es mejor intentar cubrir estos gastos de tu bolsillo si es posible.

Al final del día, elegir el préstamo correcto no es solo una cuestión de números. Es una decisión que afecta tu vida diaria durante años. Un pago mensual demasiado alto puede hacer que tu casa se sienta más como una carga que como un hogar, mientras que un préstamo con una tasa baja y pagos manejables puede darte tranquilidad y estabilidad. Tómate el tiempo de investigar, comparar y hacer preguntas. Los bancos querrán venderte lo que les conviene a ellos, pero tú tienes que buscar lo que más te conviene a ti. Entender bien tus opciones de financiamiento es una de las decisiones más importantes que tomarás en este camino, y hacerlo de manera inteligente puede ser la diferencia entre una experiencia llena de estrés y una compra que disfrutes y te haga sentir orgulloso cada vez que entres por la puerta de tu nuevo hogar.

El Secreto de una Buena Inversión

Cuando compras tu primera casa, es fácil dejarse llevar por la emoción y pensar solo en cómo se verá la sala decorada o en qué tan grande será el jardín. Pero más allá de la ilusión, hay algo crucial que no se puede pasar por alto: una casa no solo es un lugar para vivir, también es una inversión. Y como toda inversión, hay decisiones que pueden hacer que sea excelente o que se convierta en un dolor de cabeza financiero. El secreto de una buena inversión inmobiliaria no está en encontrar la casa más bonita, sino en elegir una propiedad que gane valor con el tiempo y que te deje en una mejor posición económica, no peor.

Para empezar, hay que entender que el valor de una casa no depende solo de la casa en sí. Depende de dónde está ubicada. La ubicación es, sin duda, el factor más importante en la inversión inmobiliaria. Una casa promedio en un buen vecindario siempre valdrá más que una casa espectacular en una zona deteriorada o con poco desarrollo. Pero ¿qué hace que una ubicación sea buena? Hay varias pistas que puedes seguir. Busca barrios que estén creciendo, donde se estén construyendo nuevas tiendas, escuelas o centros de transporte. Los lugares con buena conectividad, seguridad y servicios siempre serán más atractivos. Incluso si hoy el área no parece perfecta, si hay señales de crecimiento, es muy probable que el valor de la propiedad suba con los años.

Otro aspecto clave es el precio de compra. Una buena inversión empieza cuando compras la casa, no cuando la vendes. Eso significa que necesitas asegurarte de no pagar más de lo que realmente vale. Muchas veces la gente se enamora de una propiedad y termina ofreciendo más dinero solo para ganarle a otros compradores. Ese es un error costoso. La idea no es ganarle a los demás, es conseguir la mejor casa posible al mejor precio posible. Para eso, investiga los precios de casas similares en la misma área y usa esa información para negociar. Si compras una casa por debajo de su valor de mercado o a buen precio en una zona que va en crecimiento, ya tienes media victoria asegurada.

También es importante pensar en el potencial de la casa. No te fijes solo en cómo luce ahora, sino en lo que podría ser. A veces, una casa con una cocina vieja o una fachada descuidada asusta a otros compradores y se vende más barata. Pero si los problemas son estéticos y no estructurales, una pequeña inversión en remodelación puede aumentar mucho su valor. Pintar, modernizar la cocina o mejorar el jardín puede darle un impulso enorme al precio de la casa si decides venderla en el futuro.

Por supuesto, no todo es la apariencia. Una buena inversión también significa asegurarte de que la casa esté en buen estado. No quieres terminar comprando algo que se vea bien por fuera pero que esté lleno de problemas ocultos. Es esencial hacer una inspección completa de la propiedad antes de cerrar el trato. Revisa la estructura, la instalación eléctrica, la fontanería y el techo. Los arreglos grandes y costosos pueden borrar cualquier ganancia potencial que esperabas.

Además, no olvides los gastos extras que vienen con la propiedad. Impuestos, mantenimiento, servicios y reparaciones forman parte de la ecuación. Una casa más barata pero con impuestos altísimos o que requiera constantes arreglos puede terminar costándote más que una casa más cara pero en mejor estado.

Finalmente, piensa en tu futuro. Una casa que es una buena inversión hoy debería seguir siéndolo en unos años. ¿El área seguirá creciendo o es posible que decaiga? ¿La casa tiene espacio para que tu familia crezca si planeas quedarte a largo plazo? ¿Podrías alquilarla fácilmente si decides mudarte? Estas son preguntas que vale la pena hacerse antes de comprometerte.

El secreto de una buena inversión inmobiliaria no está en la suerte, está en la preparación. Se trata de investigar, analizar y pensar más allá de la emoción del momento. Si eliges bien, no solo tendrás un hogar donde vivir, sino también un activo que aumentará tu patrimonio y te dará estabilidad financiera en el futuro. Comprar una casa no es solo una decisión emocional, es una estrategia inteligente cuando se hace de la manera correcta.

Cómo Analizar una Propiedad

Elegir la casa perfecta va mucho más allá de que se vea bonita o tenga el jardín que siempre soñaste. Para asegurarte de que realmente estás tomando una buena decisión, es fundamental analizar la propiedad de forma detallada y estratégica. Cada casa tiene secretos que no se ven a simple vista, y conocer esos detalles te permitirá saber si es una buena compra o una trampa disfrazada de oportunidad.

Lo primero que debes evaluar es la ubicación. No importa qué tan perfecta sea la casa por dentro si está en una zona donde nadie quiere vivir o donde el valor de las propiedades no sube. Mira qué tan cerca están los servicios básicos como supermercados, escuelas, hospitales y transporte público. Una ubicación conveniente no solo hace tu vida más fácil, sino que también garantiza que la casa sea atractiva para futuros compradores o inquilinos si algún día decides venderla o rentarla.

Después, estudia el vecindario. Recorre la zona a diferentes horas del día para observar el ambiente. ¿Es tranquila y segura o hay ruido constante y mucha actividad sospechosa? Un lugar puede parecer ideal por la mañana, pero transformarse por completo al caer la noche. Fíjate también en el estado general de las otras casas. Si la mayoría están bien cuidadas, eso es una buena señal de que los vecinos se preocupan por el área y es menos probable que el vecindario decaiga con el tiempo.

Una vez que la ubicación te convence, toca analizar la estructura de la casa. La apariencia es importante, pero lo que realmente cuenta es la solidez de la construcción. Una casa con problemas estructurales puede convertirse en un pozo sin fondo de gastos. Presta atención a las paredes, techos y pisos. Busca grietas grandes, manchas de humedad o zonas donde la pintura se esté desprendiendo, porque suelen ser señales de problemas más profundos. Abre y cierra puertas y ventanas para asegurarte de que no estén torcidas o difíciles de mover, ya que eso puede indicar que la estructura se ha movido con el tiempo.

Revisa también el techo. Es una de las partes más costosas de reparar, así que es vital que esté en buen estado. Si ves tejas rotas, manchas de agua o partes hundidas, eso podría significar filtraciones o daños importantes. Una inspección profesional es una buena inversión aquí, porque los problemas del techo no siempre son visibles desde abajo.

El sistema eléctrico es otro punto clave. Asegúrate de que hay suficientes enchufes en cada habitación y de que la caja eléctrica es moderna y segura. Los sistemas antiguos pueden ser peligrosos y no soportar el consumo de energía de los electrodomésticos actuales. Encender luces, probar enchufes y verificar que todo funcione correctamente te puede ahorrar una sorpresa desagradable después de mudarte.

En cuanto a la plomería, abre las llaves de agua y verifica la presión. Un chorro débil puede ser señal de tuberías viejas o problemas ocultos. Inspecciona también los baños y la cocina para asegurarte de que no haya fugas o malos olores. Las reparaciones de plomería pueden ser caras y complicadas, así que más vale prevenir.

No te olvides del espacio exterior. Un jardín bonito es agradable, pero también es trabajo extra. Piensa en cuánto tiempo y dinero estás dispuesto a invertir en mantenerlo. Además, revisa el drenaje. Una propiedad que se inunda cada vez que llueve puede ser una pesadilla.

Otro punto que muchos pasan por alto es el historial de la casa. Pregunta cuánto tiempo lleva en el mercado. Si lleva demasiado tiempo sin venderse, eso puede ser una señal de que algo anda mal. También es útil averiguar por qué los dueños actuales están vendiendo. A veces las razones son personales, pero otras veces pueden estar huyendo de un problema que no quieren enfrentar.

Finalmente, revisa el precio con lupa. Compara la propiedad con otras similares en la zona. Si el precio está muy por debajo del promedio, podría ser una ganga, pero también es posible que haya problemas ocultos. Y si el precio es demasiado alto, quizás estés pagando más por el nombre del vecindario que por la casa en sí.

Analizar una propiedad lleva tiempo y esfuerzo, pero vale la pena. No te dejes llevar solo por la emoción de imaginar cómo se verá amueblada o qué tan bonita será tu vida ahí. Una casa es una inversión a largo plazo, y tomarte el tiempo para investigarla a fondo te dará la tranquilidad de saber que estás tomando una decisión inteligente y bien fundamentada. Recuerda que la casa perfecta no solo se siente bien, también debe tener sentido financiero y estructural. Si pasas por alto alguno de estos puntos, podrías terminar atrapado en una propiedad que te dé más dolores de cabeza que alegrías. Pero si haces tu tarea, encontrarás no solo una casa bonita, sino un hogar sólido y una inversión inteligente para tu futuro.

El Agente Inmobiliario

Cuando decides comprar tu primera casa, uno de los primeros dilemas que enfrentarás es si trabajar con un agente inmobiliario o hacerlo por tu cuenta. Algunas personas piensan que pueden ahorrar dinero evitando a los agentes, mientras que otras consideran que contar con un profesional a su lado les facilita el proceso. La realidad es que un agente inmobiliario puede ser un gran aliado si eliges a la persona correcta, pero también puede convertirse en un obstáculo si no seleccionas bien. Por eso, es fundamental entender cuál es su papel y cómo asegurarte de que realmente está trabajando en tu mejor interés.

Un buen agente inmobiliario es mucho más que alguien que te muestra casas. Su trabajo consiste en ayudarte a encontrar la mejor propiedad dentro de tu presupuesto, negociar el mejor precio posible y guiarte en todos los trámites que implica la compra. También puede ofrecerte información valiosa sobre el mercado, explicarte los documentos que firmarás y evitarte errores costosos. Sin embargo, no todos los agentes son iguales. Algunos se enfocan en vender rápido sin preocuparse por lo que realmente te conviene, mientras que otros sí se toman el tiempo de buscar lo mejor para ti.

Para elegir un buen agente inmobiliario, lo primero es investigar. No te conformes con el primero que encuentres o con el que te recomiende un amigo sin antes hacer tu propia evaluación. Pregunta cuántos años de experiencia tiene, en qué zonas trabaja y cuántas casas ha vendido recientemente. Un agente con experiencia conoce bien el mercado y sabe identificar oportunidades que quizás tú no verías. También es importante que tenga buenas referencias. Si otros compradores han tenido experiencias positivas con él, es más probable que haga un buen trabajo contigo.

Otro aspecto clave es la comunicación. Un buen agente inmobiliario debe escucharte y entender exactamente lo que estás buscando. Si desde el principio te muestra casas que no cumplen con tus criterios o te presiona para comprar rápido, es una señal de alerta. No necesitas a alguien que solo quiera cerrar una venta, sino a alguien que realmente se preocupe por encontrar la casa correcta para ti. La paciencia es un buen indicador de que el agente está más interesado en tu satisfacción que en su comisión.

También es importante entender cómo se pagan los agentes inmobiliarios. En la mayoría de los casos, su comisión la paga el vendedor de la propiedad, lo que significa que tú, como comprador, no le pagarás directamente. Sin embargo, esto también significa que algunos agentes pueden estar más motivados por vender propiedades específicas que les generen una mejor comisión, en lugar de enfocarse en lo que realmente te conviene. Pregunta desde el inicio cómo maneja su comisión y asegúrate de que su interés esté alineado con el tuyo.

Un error común es pensar que necesitas solo un agente para todo el proceso. Si no te sientes cómodo con la persona que elegiste, puedes cambiarla en cualquier momento. No estás obligado a seguir con un agente que no está cumpliendo tus expectativas. Asegúrate de que antes de firmar cualquier acuerdo con él, tengas claro si hay cláusulas que te obliguen a trabajar solo con esa persona por un período determinado.

Si decides no trabajar con un agente, prepárate para asumir muchas de sus funciones. Tendrás que buscar propiedades por tu cuenta, contactar a los vendedores, programar visitas, negociar el precio y encargarte de toda la documentación. Esto puede ser una ventaja si eres alguien meticuloso y te gusta tener el control total del proceso, pero también puede ser agotador si no tienes experiencia en bienes raíces. Un buen punto intermedio es usar un agente solo en las partes más complicadas, como la negociación y el cierre, pero hacer la búsqueda inicial de propiedades por tu cuenta.

En última instancia, el papel del agente inmobiliario es ayudarte a tomar una decisión informada y hacer que el proceso sea más fácil para ti. Si eliges bien, tendrás a alguien que te ahorrará tiempo, dinero y estrés. Pero si eliges mal, podrías terminar con una casa que no te convence o pagando más de lo que deberías. No tengas miedo de hacer preguntas, investigar y, sobre todo, confiar en tu intuición. Un buen agente inmobiliario no solo vende casas, también construye relaciones de confianza con sus clientes. Y cuando se trata de la compra más importante de tu vida, eso es lo que realmente necesitas.

Estrategias Para Negociar Como un Experto

Negociar el precio de una casa puede parecer intimidante, especialmente si es tu primera vez, pero la realidad es que todo en bienes raíces es negociable. La diferencia entre pagar el precio completo o conseguir un buen descuento depende de tu preparación, tu estrategia y tu confianza en el proceso. Comprar una casa no es como comprar un producto en una tienda con un precio fijo. Aquí, el número que ves en la oferta inicial es solo el punto de partida, y el verdadero precio se define en la negociación.

Lo primero que debes hacer es investigar a fondo. Antes de hacer cualquier oferta, analiza el mercado. Compara el precio de la casa con otras similares en la zona. Si encuentras que otras propiedades con características parecidas se están vendiendo por menos, tienes un argumento sólido para negociar. También investiga cuánto tiempo lleva la casa en venta. Si ha estado en el mercado por meses sin venderse, es una señal de que el vendedor podría estar dispuesto a bajar el precio con tal de cerrar el trato.

Otra clave para negociar bien es entender la motivación del vendedor. No todos los propietarios venden por las mismas razones. Algunos necesitan vender rápido porque se mudan a otra ciudad, otros están en problemas financieros y buscan liquidez, y algunos simplemente están probando suerte para ver si obtienen una buena oferta. Si logras descubrir por qué el dueño está vendiendo, puedes usar esa información a tu favor. Un vendedor desesperado está mucho más abierto a negociar que uno que no tiene prisa.

Cuando llegue el momento de hacer tu oferta, no cometas el error de ofrecer el precio más alto desde el principio. Empieza con una cifra menor, pero que siga siendo razonable. Si el precio de lista es de 200,000 dólares, no ofrezcas 120,000 porque el vendedor probablemente ni te tome en serio. Pero si ofreces 180,000 con una justificación clara basada en el estado de la propiedad o los precios de la zona, podrías iniciar una negociación favorable.

Un truco psicológico muy útil es no mostrar demasiado entusiasmo. Si el vendedor siente que estás demasiado emocionado por la casa, asumirá que estás dispuesto a pagar lo que sea por ella y será menos flexible en la negociación. Mantén una actitud neutral, haz preguntas sobre los defectos de la propiedad y deja claro que tienes otras opciones en mente. Cuando el vendedor siente que podrías irte en cualquier momento, está más dispuesto a bajar el precio para asegurarse de que cierres el trato con él.

Otro aspecto clave es negociar más allá del precio. A veces, el vendedor no quiere bajar el precio porque tiene una cifra en mente, pero eso no significa que no puedas obtener otros beneficios. Puedes pedir que incluyan electrodomésticos, muebles o que cubran parte de los costos de cierre. Incluso puedes negociar para que hagan ciertas reparaciones antes de la venta. A largo plazo, estas concesiones pueden ahorrarte miles de dólares, incluso si el precio de compra no baja tanto como quisieras.

Saber cuándo quedarte callado también es una herramienta poderosa. Durante la negociación, muchas personas sienten la necesidad de llenar los silencios con palabras, pero a veces es mejor dejar que el vendedor sea quien hable. Cuando haces una oferta y te quedas en silencio, pones presión sobre la otra parte para que responda. En muchos casos, el vendedor intentará justificar su precio o hacer una contraoferta más baja de lo que tenía planeado.

Además, nunca tengas miedo de retirarte. La mejor arma en cualquier negociación es estar dispuesto a irte si el trato no es justo. Si el vendedor ve que no estás desesperado, es más probable que vuelva con una mejor oferta. Muchas veces, los compradores cometen el error de enamorarse de una casa y sienten que si no la compran, perderán la oportunidad de su vida. La verdad es que siempre hay más casas disponibles, y si te mantienes firme, encontrarás una que se ajuste a tu presupuesto y a tus necesidades sin comprometer tu estabilidad financiera.

Por último, considera la posibilidad de que un agente inmobiliario negocie por ti. Si tienes un buen agente de tu lado, él ya tiene experiencia en este tipo de negociaciones y sabe cómo manejar las tácticas de los vendedores. Sin embargo, no dejes todo en sus manos. Asegúrate de que realmente está peleando por tus intereses y no solo tratando de cerrar la venta lo más rápido posible.

Negociar es un arte que se aprende con práctica y preparación. No se trata de ganar o perder, sino de encontrar un punto medio en el que ambas partes se sientan cómodas con el acuerdo. Si sigues estas estrategias y te mantienes firme en tu postura, aumentarás tus posibilidades de conseguir la casa que quieres al mejor precio posible. Recuerda que en bienes raíces, lo que no negocias es lo que terminas pagando.

Los Costos Ocultos que Nadie te Dice

Cuando compras una casa por primera vez, la mayoría de las personas se enfocan únicamente en el precio de compra y en la cuota mensual de la hipoteca. Sin embargo, hay una larga lista de costos ocultos que pueden sorprenderte si no los tienes en cuenta desde el principio. Estos gastos adicionales pueden hacer que el proceso sea más costoso de lo que imaginaste y, en algunos casos, pueden afectar seriamente tu presupuesto si no estás preparado.

Uno de los costos más inesperados es el pago de los impuestos a la propiedad. En algunos lugares, los impuestos anuales pueden representar una cantidad significativa de dinero y, en muchos casos, el comprador debe pagar una parte de estos impuestos por adelantado al momento del cierre. Dependiendo de la ubicación de la casa y su valor, podrías estar pagando miles de dólares cada año solo en impuestos, algo que muchas personas no consideran al hacer sus cálculos iniciales.

Otro gasto importante son los costos de cierre. Estos pueden incluir honorarios del banco, tarifas legales, costos de inspección y otros cargos administrativos. Aunque pueden parecer montos pequeños por separado, juntos pueden sumar entre un 2 % y un 5 % del precio total de la casa. Esto significa que si compras una propiedad de 200,000 dólares, podrías terminar pagando entre 4,000 y 10,000 dólares adicionales solo en estos costos, y muchos compradores no lo descubren hasta que están a punto de firmar el contrato.

Las reparaciones y el mantenimiento son otro aspecto que muchos pasan por alto. Cuando alquilas, cualquier problema con la plomería, el techo o los electrodomésticos es responsabilidad del propietario. Pero cuando la casa es tuya, todo recae sobre ti. Algunas casas necesitan reparaciones inmediatas después de la compra, y si no tienes un fondo de emergencia para estos imprevistos, podrías encontrarte en una situación financiera complicada. Incluso si compras una casa nueva, es inevitable que con el tiempo surjan gastos de mantenimiento como pintura, mejoras en el jardín, cambio de cerraduras y otros pequeños detalles que suman más de lo que imaginas.

El seguro de la propiedad es otro costo que no puedes ignorar. Muchas personas no consideran el impacto de esta cuota en su presupuesto mensual. Dependiendo de la ubicación y del valor de la casa, podrías estar pagando cientos de dólares al mes en seguros, y si la zona tiene riesgo de inundaciones, terremotos u otros desastres naturales, es posible que necesites coberturas adicionales que aumenten aún más el costo.

Si compras una casa dentro de una comunidad cerrada o en un edificio de apartamentos, es muy probable que tengas que pagar cuotas de mantenimiento o asociación de propietarios. Estas tarifas pueden incluir el mantenimiento de áreas comunes, seguridad y otros servicios, pero a veces pueden ser sorprendentemente altas. En algunas comunidades exclusivas, estas cuotas pueden llegar a varios cientos de dólares al mes, lo que impacta directamente tu capacidad de pago.

Otro gasto que muchas personas no consideran es el costo de los servicios básicos. Si vienes de vivir en un apartamento pequeño o con familiares, es probable que no estés acostumbrado a pagar facturas altas de electricidad, agua, gas e internet. Al mudarte a una casa más grande, estos costos pueden duplicarse o incluso triplicarse. Además, en algunas zonas, es obligatorio pagar por servicios como recolección de basura o mantenimiento de calles privadas, algo que muchas veces no se menciona al momento de la compra.

Además de estos costos, hay gastos inesperados que pueden surgir con el tiempo. Tal vez descubras que necesitas muebles nuevos porque los que tienes no encajan en la nueva casa, o que necesitas hacer mejoras en la iluminación, cambiar cerraduras por seguridad o incluso invertir en cortinas y electrodomésticos que no estaban incluidos en la compra. Todos estos pequeños detalles suman miles de dólares que no habías contemplado al inicio.

Una estrategia inteligente para evitar sorpresas es hacer un presupuesto realista desde el principio. No te limites a calcular solo la hipoteca y el enganche, sino que considera todos estos costos adicionales para asegurarte de que realmente puedes permitirte la casa que quieres. Además, es recomendable tener un fondo de emergencia para cubrir cualquier gasto inesperado que pueda surgir después de la compra.

Muchos compradores primerizos se emocionan tanto con la idea de tener su propia casa que pasan por alto estos detalles, solo para darse cuenta después de que están más endeudados de lo que esperaban. Evita caer en esta trampa y planifica bien cada aspecto de la compra. Saber de antemano cuáles son los costos ocultos te permitirá tomar una mejor decisión y disfrutar de tu casa sin preocupaciones innecesarias.

De la Oferta al Contrato

Hacer una oferta por una casa es un momento emocionante y, al mismo tiempo, una de las etapas más críticas del proceso de compra. Este es el paso en el que defines cuánto estás dispuesto a pagar y las condiciones en las que deseas adquirir la propiedad. Pero lo que mucha gente no sabe es que hacer una oferta es solo el comienzo de una serie de negociaciones que culminarán en la firma de un contrato legalmente vinculante. Si no tienes claro cómo funciona este proceso, podrías terminar comprometiéndote en términos que no te favorecen o, peor aún, perdiendo la oportunidad de comprar la casa que deseas.

Lo primero que debes hacer antes de presentar una oferta es evaluar el valor real de la propiedad. No te bases únicamente en el precio de venta, ya que este puede estar inflado o, en algunos casos, por debajo del valor de mercado. Investiga cuánto se han vendido casas similares en la misma área en los últimos meses. Esto te dará una idea de si el precio es justo y te ayudará a definir cuánto deberías ofrecer. También es recomendable que tu agente inmobiliario haga un análisis comparativo para asegurarte de que estás tomando una decisión informada.

Una vez que tienes claro el valor de la propiedad y cuánto estás dispuesto a pagar, es hora de redactar la oferta. Este documento no solo incluye el precio que ofreces, sino también otros términos y condiciones importantes. Entre ellos, puedes especificar si deseas que el vendedor cubra algunos costos de cierre, si incluirá electrodomésticos, si hará ciertas reparaciones antes de la venta y cuánto tiempo tienes para completar la inspección y obtener financiamiento. Cuanto más detallada sea la oferta, menos espacio habrá para confusiones o malentendidos en el futuro.

Después de presentar la oferta, el vendedor tiene tres opciones: aceptarla tal como está, rechazarla o hacer una contraoferta. En la mayoría de los casos, el vendedor intentará negociar, lo que significa que deberás estar preparado para responder con rapidez y estrategia. Aquí es donde entra en juego tu habilidad para negociar. Si el vendedor hace una contraoferta con un precio más alto o condiciones diferentes, debes evaluar si estás dispuesto a aceptar esos términos o si prefieres hacer otra contraoferta. Este intercambio puede continuar hasta que ambas partes lleguen a un acuerdo o hasta que una de las dos decida retirarse de la negociación.

Cuando finalmente ambas partes aceptan los términos, la oferta se convierte en un contrato de compra-venta. En este punto, deberás depositar una cantidad de dinero conocida como "depósito de garantía" o "depósito de buena fe". Este dinero demuestra que realmente estás comprometido con la compra y, en la mayoría de los casos, se aplicará al pago inicial de la casa. Sin embargo, es importante leer bien el contrato para asegurarte de que existe una cláusula que te permita recuperar este dinero en caso de que algo salga mal durante el proceso, como no obtener financiamiento o que la inspección revele problemas graves en la propiedad.

Una vez que el contrato está firmado, comienza una etapa de diligencia donde se realizan inspecciones y evaluaciones para asegurarse de que la casa está en buenas condiciones y que vale lo que estás pagando por ella. Aquí es donde puedes descubrir problemas ocultos que podrían hacerte reconsiderar la compra o renegociar el precio. Si la inspección revela problemas serios, puedes pedir que el vendedor los repare antes del cierre o solicitar un descuento en el precio de compra para cubrir los costos de las reparaciones.

Otro paso crucial en esta fase es la tasación de la propiedad. Si estás obteniendo un préstamo hipotecario, el banco requerirá que se realice una tasación para asegurarse de que la casa vale lo que estás pagando. Si la tasación resulta más baja que el precio acordado, tendrás que renegociar con el vendedor o cubrir la diferencia con tu propio dinero, lo que puede representar un problema si no tienes un margen financiero extra.

También es importante que revises todos los documentos legales relacionados con la propiedad. Asegúrate de que no existan problemas con el título de propiedad, como hipotecas previas, deudas pendientes o disputas legales que puedan complicar la compra. Esto lo puedes hacer con la ayuda de un abogado especializado o a través de una empresa de títulos. No des por sentado que todo está en orden solo porque el vendedor te lo dice.

Finalmente, cuando todas las condiciones del contrato se han cumplido y tanto tú como el vendedor están listos para cerrar la transacción, se programa la firma de la escritura. En este momento, harás el pago final, firmarás los documentos legales y recibirás las llaves de tu nueva casa. Aunque pueda parecer un proceso largo y complejo, cada uno de estos pasos es fundamental para asegurarte de que la compra sea segura y que estás haciendo la mejor inversión posible.

Desde la oferta hasta el contrato, cada decisión que tomes tendrá un impacto en el resultado final de la compra. Si te preparas bien, negocias con inteligencia y revisas cada detalle con cuidado, tendrás muchas más probabilidades de conseguir la casa de tus sueños en las mejores condiciones posibles.

La Mudanza Perfecta

Mudarse a tu nueva casa es el último paso en el proceso de compra, pero no por eso es menos importante. De hecho, una mudanza mal planificada puede convertirse en un dolor de cabeza lleno de estrés, imprevistos y gastos innecesarios. Para que todo salga bien, necesitas organizar cada detalle con anticipación y asegurarte de que la transición sea lo más fluida posible. Una mudanza perfecta no es cuestión de suerte, sino de estrategia y preparación.

El primer paso es definir la fecha exacta en la que harás la mudanza. No todas las fechas son iguales. Los fines de semana y los fines de mes suelen ser los días más ocupados para las empresas de mudanza, lo que puede hacer que los precios sean más altos y la disponibilidad sea limitada. Si tienes flexibilidad, considera mudarte en días menos demandados, como a mitad de mes o entre semana. Además, asegúrate de que la casa estará lista para recibirte en la fecha elegida. A veces, puede haber retrasos en la entrega de llaves o en la activación de los servicios básicos como luz, agua e internet, lo que podría complicar tu llegada.

Una vez que tienes la fecha definida, el siguiente paso es hacer un inventario detallado de todas tus pertenencias. No te imaginas la cantidad de cosas que puedes haber acumulado con el tiempo hasta que llega el momento de empacarlas. Es recomendable que aproveches esta oportunidad para deshacerte de lo que ya no necesitas. Puedes vender, donar o desechar aquellos objetos que ya no usas en lugar de cargar con ellos a tu nueva casa. Esto no solo te ayudará a reducir el volumen de la mudanza, sino que también hará que el proceso de desempacar sea mucho más fácil y rápido.

El siguiente paso es empacar de manera estratégica. Muchas personas cometen el error de simplemente meter cosas en cajas sin ningún orden, lo que hace que encontrar lo que necesitas en tu nuevo hogar sea un caos. La clave está en empacar por categorías y etiquetar cada caja con detalle. Usa cajas resistentes y asegúrate de proteger los objetos frágiles con papel burbuja o mantas. No olvides hacer una caja especial con los artículos esenciales que necesitarás los primeros días, como ropa, artículos de higiene personal, cargadores, documentos importantes y algunos utensilios de cocina. De esta manera, no tendrás que abrir todas las cajas buscando lo básico mientras te instalas.

Ahora es momento de decidir cómo harás la mudanza. Tienes dos opciones principales: hacerlo por tu cuenta o contratar un servicio profesional. Si decides hacerlo tú mismo, necesitarás conseguir un vehículo adecuado, reclutar amigos o familiares para ayudar y asegurarte de que todo está bien embalado para evitar daños. Por otro lado, contratar una empresa de mudanza puede ahorrarte mucho trabajo y estrés, aunque representa un costo adicional. Si optas por una empresa, asegúrate de investigar diferentes opciones, comparar precios y leer reseñas para elegir una que sea confiable y eficiente. También pregunta si incluyen seguro en caso de daños o pérdidas durante el traslado.

Otro punto clave es coordinar la conexión de los servicios básicos en tu nueva casa. No hay nada peor que mudarse y darse cuenta de que no tienes luz, agua o internet. Lo ideal es programar la activación de estos servicios con anticipación para que todo esté funcionando desde el primer día. Además, si tienes suscripciones o correspondencia importante, recuerda actualizar tu dirección en bancos, empresas de servicios y cualquier otra institución que envíe documentos a tu domicilio.

El día de la mudanza, asegúrate de supervisar todo el proceso y revisar que no dejes nada atrás en tu antigua casa. Haz una última inspección en cada habitación, armario y cajón para asegurarte de que no olvidas nada importante. Si contrataste una empresa de mudanza, revisa que todas tus pertenencias lleguen en buen estado y en el lugar correcto.

Una vez que llegas a tu nuevo hogar, no te apresures a querer desempacar todo en un solo día. Comienza con lo esencial y poco a poco organiza cada espacio de manera funcional. Disfruta el proceso y tómate el tiempo para adaptarte a tu nuevo entorno.

Mudarte a tu nueva casa es una experiencia emocionante, pero puede volverse estresante si no te organizas bien. Con una buena planificación, podrás hacer la transición de manera ordenada, evitando imprevistos y asegurándote de que tu nuevo hogar te reciba con todo listo para comenzar esta nueva etapa de tu vida.

Tu Primera Casa como Inversión a Futuro

Comprar tu primera casa no solo significa tener un techo propio y dejar de pagar renta, también puede ser una de las mejores inversiones de tu vida si tomas decisiones estratégicas desde el inicio. Muchas personas ven su casa únicamente como un lugar para vivir, sin darse cuenta de que, con una buena planificación, esa propiedad puede convertirse en una fuente de ingresos o en un activo que aumente su valor con el tiempo. Pensar en tu casa como una inversión te permitirá sacarle el máximo provecho y asegurarte de que tu compra no solo te dé estabilidad, sino que también te ayude a construir riqueza en el futuro.

Lo primero que debes entender es que el valor de una propiedad no es fijo. Dependiendo de la ubicación, el desarrollo de la zona y la demanda del mercado, tu casa puede incrementar su precio con los años. Por eso, elegir bien la zona donde comprarás es clave. No se trata solo de que sea un lugar bonito o cómodo, sino de que tenga potencial de crecimiento. Lugares cercanos a nuevas construcciones, desarrollos comerciales o mejoras en infraestructura suelen aumentar su valor más rápido. Investiga qué proyectos hay planeados en la zona y si es un lugar en crecimiento o si, por el contrario, es un área donde los precios se han mantenido estancados.

Otro aspecto fundamental es la forma en la que financias tu casa. Si logras obtener un préstamo con una tasa de interés baja y con pagos mensuales accesibles, podrás mantener tu propiedad sin que se convierta en una carga financiera. Además, si en algún momento decides venderla, un financiamiento bien estructurado te permitirá hacerlo sin que el costo de los intereses haya afectado demasiado tu ganancia.

Pero no solo se trata de vender en el futuro, hay muchas formas de hacer que tu primera casa te genere dinero mientras aún la usas. Una de las estrategias más populares es rentar una parte de la propiedad. Si compras una casa con más de una habitación o incluso con un espacio independiente, podrías alquilarlo a otra persona y con eso reducir tu propio costo de vivienda. Muchas personas han pagado su hipoteca con la ayuda del alquiler de una habitación o de un pequeño departamento dentro de su propiedad.

Otra opción es considerar plataformas de renta a corto plazo como Airbnb. Si tu casa está ubicada en una zona turística o de alta demanda, podrías aprovechar esta alternativa para generar ingresos extras cuando no estés usando la propiedad. Incluso si vives en ella, podrías rentar un espacio durante temporadas específicas y generar dinero sin afectar demasiado tu estilo de vida.

El mantenimiento de la casa también es una parte importante de su valor como inversión. Una propiedad bien cuidada y con mejoras constantes se aprecia más rápido que una que se deja deteriorar con el tiempo. Hacer pequeñas renovaciones, mejorar los acabados y mantenerla en buen estado no solo hará que tu hogar sea más agradable para vivir, sino que también aumentará su valor si en algún momento decides venderla o rentarla.

Si después de un tiempo decides que quieres comprar otra casa, podrías convertir tu primera propiedad en una inversión a largo plazo. En lugar de venderla, podrías mantenerla como una casa de renta y usar los ingresos de esa propiedad para pagar la nueva. Así es como muchas personas comienzan en el mundo de los bienes raíces, convirtiendo su primera casa en el punto de partida para construir un portafolio de propiedades.

Ver tu casa como una inversión desde el inicio te permitirá tomar mejores decisiones y maximizar su potencial. No solo estarás comprando un lugar para vivir, sino que estarás adquiriendo un activo que puede crecer en valor, generarte ingresos y abrirte oportunidades financieras en el futuro. Pensar estratégicamente y planear con visión a largo plazo puede hacer que tu primera casa no sea solo un gasto, sino la base de tu estabilidad financiera y una herramienta para generar riqueza en el tiempo.

www.ingramcontent.com/pod-product-compliance
Lightning Source LLC
LaVergne TN
LVHW060301051026
849517LV00003B/901
* 9 7 9 8 2 3 0 2 7 8 3 2 0 *